Body Landscape
The Delights and Dregs of Dating

VERONICA MICHALOWSKI

POETRY

English/Spanish Edition

Paisaje Corporal
Las Delicias y las Heces de Salir a Citas

Translation
JUAN LUIS RAMIREZ

© 2018, Veronica Michalowski

Cover painting and design © 2018, Veronica Michalowski, detail from the larger painting *The Arabics – Red*
© 2018, Author's photograph by Charles Blanton

All rights reserved, except for brief passages quoted in a newspaper, magazine, electronic media, radio or television review. No part of this book may be reproduced in any form or by any means, electronic or mechanical, including photocopying or recording, or by any information storage and retrieval system, without permission in writing from the author.
Information address: 1142 South Diamond Bar Blvd #500, Diamond Bar, CA 91765 USA.
veronicamichalowskiauthor@gmail.com
facebook: Veronica Michalowski Artist/Author
website: www.veronicamichalowski.com

Grateful acknowledgement is made to the editors of the anthologies and journals in which the following poems have appeared:
Spend Time with a Poem, 2011: "The Lover," "First Liftoff," "Binary Connection," "We Meet to Eat"
Poetry – Catch the Magic, 2014: "Whispered," "Body Landscape," "The Boxer," "Freedom"
A Poetic Body of Work, 2016: "Gardener," "Before Sunrise," "Air," "Warm Sun of Sunday," "Lunch," "Woman," "Delicious"
Hong Kong Taiwan Journal, October, 2014: "First Liftoff," "Freedom," "We Meet to Eat"
Hong Kong Taiwan Journal, February, 2015: "Warm Sun of Sunday," "Lunch"
Hong Kong Taiwan Journal, December, 2015: "Before Sunrise," "You"

ISBN 978-1-7325336-0-8 - English

Publisher: ONE PLUS ONE
1142 South Diamond Bar Blvd #500, Diamond Bar, California 91765 USA
Printed in the United States of America

© 2018, Veronica Michalowski

Obra pictórica y diseño © 2018 por Veronica Michalowski, es el detalle de una pintura más grande denominada *The Arabics – Red*
© 2018, Fotografía de la Autora por Charles Blanton

Todos los derechos reservados, excepto repasos, revisiones y críticas hechos en periódico, revista, media electrónica, radio o televisión. Ninguna parte de este libro puede ser reproducida en ninguna forma ni por ningún medio, electrónico o mecánico, incluyendo fotocopia o grabación, ni por ningún sistema de almacenaje o recojo de información, sin permiso por escrito del autor.
Dirección para información: 1142 South Diamond Bar Blvd #500, Diamond Bar, CA 91765 USA.
veronicamichalowskiauthor@gmail.com
facebook: Veronica Michalowski Artist/Author
website: www.veronicamichalowski.com

Reconocimiento agradecido se hace a los editores de las antologías y jornales en los cuales han aparecido los siguientes poemas:
Spend Time with a Poem, 2011: "El Amante," "Primer Despegue," "Conexión Binaria," "Nos Encontremos para Comer"
Poetry – Catch the Magic, 2014: "Susurrado," "Paisaje Corporal," "El Boxeador," "Libertad"
A Poetic Body of Work, 2016: "Jardinero," "Antes del Amanecer," "Aire," "Calido Sol de Domingo," "Almuerzo," "Mujer," "Delicioso"
Hong Kong Taiwan Journal, October, 2014: "Primer Despegue," "Libertad," "Nos Encontremos para Comer"
Hong Kong Taiwan Journal, February, 2015: "Calido Sol de Domingo," "Almuerzo"
Hong Kong Taiwan Journal, December, 2015: "Antes del Amanecer," "Tú"

ISBN 978-1-7325336-9-1 – Español

Publisher: ONE PLUS ONE
1142 South Diamond Bar Blvd #500, Diamond Bar, California 91765 USA
Impreso en los Estados Unidos de Norteamérica

PREFACE

Because life is best when shared, a few years ago when I found myself single after a long marriage, I decided to start dating. These dates (some blind and some not) and encounters often grew into relationships, became indelible and included one engagement. I could not leave this planet without sharing such memorable events by writing this autobiographical poetry.

And since all is not perfect in Datingland, I call this poetic group "BODY LANDSCAPE: The Delights and Dregs of Dating."

DEDICATION

This book is dedicated to my parents
Peter Paul and Kathryn Frances Miller Michalowski
who gave creative freedom to their children
and allowed us all a time and a place to dream.

PREFACIO

Puesto que la vida es mejor cuando se comparte, hace unos pocos años cuando me encontré soltera después de un largo matrimonio, decidí empezar a salir en citas. Estas citas (algunas ciegas y otras no) y encuentros a menudo crecieron al convertirse en relaciones, se hicieron indelebles e incluyeron un compromiso. No puedo dejar este planeta sin compartir tales memorables eventos escribiendo esta poesía autobiográfica.

Y puesto que todo no es perfecto en la Tierra de las Citas, denomino a este grupo poético "PAISAJE CORPORAL: Las delicias y las heces de salir en citas".

DEDICACIÓN

Este libro es dedicado a mis padres
Peter Paul y Kathryn Frances Miller Michalowski
quienes dieron libertad creativa a sus hijos,
nos permitieron todo el tiempo y un lugar para soñar.

EXPRESIONES DE GRATITUD

Muchas gracias a los hombres, algunos encantadores y otros no tanto, a quienes he encontrado en esta aventura de citas. Sin ustedes no habría poesía, su unicidad los hace excepcionales al incluirlos en esta obra.

Gracias especiales a mi amigo Juan Luis Ramírez, quien se tomó el tiempo y la paciencia para traducir esta poesía tan hermosamente en su natal Castellano e hizo importantes sugerencias editoriales durante el proceso.

Gracias también por su continuo apoyo a los miembros de Poetry for Pleasure—Poesía para el Placer—, de Publish before Perish—Publique antes de Perecer—y de las clases de Creative Writing—Escritura Creativa—del Programa OLLI de California State University of Fullerton. Especial consideración debe darse a Fritz von Coelln, Jeanette Reese, Keni Cox y Hank Smith por proveer una plataforma abierta para crear con valiosa retroalimentación tanto como información técnica para la publicación. También, gracias a Ann Casas y a Raylene Williams por su edición de arte.

Muchas gracias al Ravens Poetry Group, Claremont, California, por sus críticas bien pensadas y constructivas sobre mis escritos. Ustedes hacen los Viernes por la tarde atractivos y me han hecho una mejor poetisa.

A los amigos, ambos, de toda la vida y recientes, gracias por estar presentes a través de los años y por su inquebrantable apoyo a mi creatividad.

A mi maravillosa parcializada y alentadora familia inmediata—**Noah, Peter, Susan, Cecelia, Matthew, Laura, Calvin, Tim, Liz, Keith, Thomas, Eric**—tanto como a mi familia extendida, ustedes son de lo mejor y añaden gozo a mi vida diariamente.

ACKNOWLEDGMENTS

Many thanks to the men, some delightful and some not, I've met during this dating adventure. Without you, there would be no poetry—your uniqueness makes you exceptional when included in this work.

Special thanks to my friend, Juan Luis Ramirez, who took time and patience to translate this poetry so beautifully into his native Castillian and made important editorial suggestions during the process.

Thanks also to the members of Poetry for Pleasure, Publish before You Perish and Creative Writing classes at California State University, Fullerton's OLLI Program for your on-going support. Special consideration must be given to Fritz vonCoelln, Jeanette Reese, Keni Cox and Hank Smith for providing an open platform to create with valuable feedback as well as technical information on publishing. Also, thanks to Ann Casas and Raylene Williams for their artful editing.

Many thanks to the Ravens Poetry Group, Claremont. California, for your thoughtful, constructive critiques of my writings. You all make Friday afternoons engaging and have made me a better poet.

To friends, both life-long and recent, thank you for being present through the years and for your unwavering support of my creativity.

To my wonderful supportive immediate family—Noah, Peter, Susan, Cecelia, Matthew, Laura, Calvin, Tim, Liz, Keith, Thomas, Eric—as well as my extended family, you are the best and add joy to my life daily.

CONTENIDO

Derechos de autor	2
Prefacio/Dedicación	3
Expresiones de Gratitud	4
Contenido	6
Antes del Amanecer	8
El Amante	10
Almuerzo	12
Aire	14
Cálido Sol de Domingo	16
Primer Despegue	20
Delicioso	22
Mujer	24
Nos Encontramos para Comer	26
Desencuentro	28
Susurrado	30
Jardinero	32
Paisaje Corporal	34
Libertad	36
Conexión Binaria	38
Tú	40
Tirano	42
Yate	44
Llévame Dentro	46
El Boxeador	48
La Luz del Sol	52
Tipografía	56

CONTENTS

Copyright	2
Preface/Dedication	3
Acknowledgments	5
Contents	7
Before Sunrise	9
The Lover	11
Lunch	13
Air	15
Warm Sun of Sunday	17
First Liftoff	21
Delicious	23
Woman	25
We Meet to Eat	27
Disconnect	29
Whispered	31
Gardener	33
Body Landscape	35
Freedom	37
Binary Connection	39
You	41
Tyrant	43
Yacht	45
Take Me In	47
The Boxer	49
Sunshine	53
Typography	56

ANTES DEL AMANECER

Lentamente suben—
lento –
paso a paso en tandem
lentamente y deliberadamente
       al aposento
para conocerse el uno al otro
       una vez más.

Para dar fé
sentido
dulcemente acaricia
degusta el cuerpo de ella.
Panis angelicus
escucha el tono de
       cada gemido *forte*
embelesarse con la fragancia
       de la piel de él.

Susurrar
       palabras amorosas
escondidas en el alma de él
       segura—juntos, segura
       bailando la danza
       repitiendo
       y repitiendo

la reverencia primal de amar
       el impetus,
       ritmo
             una y
             otra vez
sincronizando con él
suave y mojados
hasta que no haya energía
       concedida de sus seres
dándose todo

Sólo sueño bendito, la cadencia del silencio—
       silenzio –
       los cuerpos envueltos
       entrelazados, inseparables.
La confianza sagrada afirmada voluntariamente
esta noche santificada
bastante antes del amanecer.

BEFORE SUNRISE

Slowly they climb—
lento—
step by step in tandem
slowly and deliberately
        to the bedchamber
to know the other
        once more.

To witness
sense
gently caress
taste the other's body.
Panis angelicus
listen to the tone of
        each *forte* sigh
be enraptured by the fragrance
        of the other's skin.

To whisper
        loving words
hidden in the other's soul
        safe—together, safe
        dancing the dance
        repeating
        and repeating

the primal reverence of loving
        momentum,
        rhythm
                again and
                again
synchronizing with the other
smooth and wet
until there is no energy
        sopped from their being
all given to the other.

Just blessed sleep, the cadence of silence—
        silenzio—
        bodies enwrapped
        interlaced, inseparable.
The sacred trust willingly affirmed
this hallowed night,
well before sunrise.

EL AMANTE

Encuentra anfractuosidades.
Su tocamiento, delicado
        aventurero
        intrépido al explorar
        túmulos y valles.

La anticipación de sus dedos.
sus labios en todos estos dobleces de porcelana
        es tan intenso como la montaña
        que escala conmigo
y que nos revienta.

THE LOVER

He finds crevices.
His touch, delicate
        adventurous
        fearless exploring
        mounds and valleys.

The anticipation of his fingers,
lips in all these porcelain folds
        is as intense as the mountain
        he climbs with me
and exhausts us both.

ALMUERZO

Él vino a almorzar.
Al preparar, ella pela el pepino,
lo corta en pedazos de tamaño masticable.

Ella corta las cebolletas, hongos, tallos de apio.
Ella añade garbanzos, corazones
de alcachofa marinados y alcaparras—capers.

Ella asa salmón a la perfección
con justo la cantidad correcta de hierbas, espera
que se enfríe. Con una pequeña adición

de lechuga de mantequilla, una fuerte cantidad de pescado
deshilachado, la ensalada está lista para ser mezclada,
presentada en un usado tazón de madera.

Charlan por 100 minutos y beben
té con especias helado cerca del hogar—
revelando secretos en este confiable, cálido,

seguro ambiente—riéndose de las mutuas
historias, bromas, coqueteos, burlas.
Se encienden velas, con la ensalada

de pieza central, flanqueada por croissants,
mantequilla dulce. La conversación continúa—
más de una servida de la suculenta

ensalada es consumida por ambos.
La conversación continúa.
De postre cenan frías, frescas

fresas—rechonchas, asoleadas, recién
recogidas esa mañana en una granja local.
La conversación continúa.

¿Cómo decir adiós después de este repaso íntimo?
Él vino por el almuerzo y se quedó hasta la cena.
Pero el almuerzo nunca se trata de comida.

LUNCH

He came for lunch.
To prepare, she peels the cucumber,
dices it into bite-sized pieces.

She slices the scallions, mushrooms, celery stalks.
She adds garbanzo beans, marinated
artichoke hearts and capers—*alcaparras*.

She broils salmon to perfection
with just the right amount of herbs, waits
for it to cool. With a small addition

of butter lettuce, a hefty quantity of frayed
fish, the salad is ready to be tossed,
presented in a well-used wooden bowl.

They chat for 100 minutes and drink
spicy iced-tea near the fireplace—
revealing secrets in this trusting, warm,

safe environment—laughing at each other's
stories, banter, flirts, teases.
Candles are lit, salad the

centerpiece, flanked by croissants,
sweet butter. The conversation continues—
more than one helping of the succulent

salad is consumed by both.
Conversation continues.
For dessert, they dine on chilled, fresh

strawberries—plump, sun ripened, newly
picked that morning at a local farm.
The conversation continues.

How to say good-by after this intimate repast?
He came for lunch and stayed until dinner.
But lunch is never about the food.

AIRE

La discusión termina
  entendimiento sentido
  visiones encontradas
    el aire grueso grita silencio.

Él se para
  vacilante
  con esculpidas manos quietas.
Ella permanece

sensual
  contenida
  dolida por tacto.
Él sale torpemente.

El aire grueso grita silencio.

AIR

Discussion ends
        understanding felt
        visions meet
                thick air screams silence.

He stands
        hesitant
        sculptured hands still.
She stays

sensuous
        restrained
        aching to touch.
He exits awkwardly.

Thick air screams silence.

CÁLIDO SOL DE DOMINGO

La ventana teñida en arco dá cara al Este—
        enmarcada con cortinas de gasa de seda
           empapadas en la inundación de luz del nuevo día.
El desván domina un envejecido patio
        sombreado por un arce Japonés de Hoja Roja.

Ella es despertada por la brillantez
        y, media dormida se acerca a él.
Ella captura el aroma de frescamente
        lavadas, perfumadas sábanas de algodón
        tal como se sienten contra su cuerpo desnudo.
Él tararea, siente y reconoce sus caricias,
        gira medio círculo para dar cara a ella.
Brazos y piernas se entrelazan, ojos aún cerrados,
        Sucumben al sueño bajo el
        cálido sol de mañana del Domingo.

Él alberga el cuerpo de ella, reflejando
        su alma tranquila—
        con la piel de porcelana de la Odalisca de Ingre,
        la forma de la Venus de Rubens,
        las Bañistas de Renoir,
        voluptuosa, amplia de color.
Ella no es ingenua,
        sino madura,
        hermosa, sapiente, ha parido hijos;
        la mujer que él admira y ama.

Ella lo adora—atraída
        por su inteligencia, buen
        carácter, masculinidad,
        su humorosa actitud
        hacia la vida.
Él es confidente, fuerte aunque compasivo,
        protector, dadivoso, generoso
        con su tiempo, talento, ternura.
Él es su Apolo—en forma,
        a tono, guapo.

WARM SUN OF SUNDAY

The softly tinted arched window faces East—
        framed with silk chiffon shears
           soaking in the new day's flood of light.
The loft overlooks an agéd courtyard
        shaded by a Japanese Red-Leaf maple.

She is aroused by the brightness
        and, half-asleep, moves closer to him.
She catches the aroma of freshly
        washed, scented cotton sheets
           how they feel against her nude body.
He hums, feels and acknowledges her caresses,
        turns half-circle to face her.
Arms and legs entwine, eyes still closed,
        they succumb to slumber under the
           warm sun of Sunday morn.

He cherishes her body, reflecting
        her tranquil soul—
           with the porcelain skin of Ingres' Odalisque,
           the form of Rubens' Venus,
           Renoir's Bathers,
           voluptuous, ample of color.
She is not an ingénue,
        but mature,
        beautiful, wise, had borne children;
        the woman he admires and loves.

She adores him—attracted
        to intelligence, good
        character, masculinity,
        humorous attitude
        toward life.
He is confident, strong yet compassionate,
        protective, giving, generous
        with time, talent, tenderness.
He is her Apollo—fit,
        toned, handsome.

La temprana luz ambar es calmante
        suficientemente translúcida para lentamente
        despertar sus almas rejuvenecidas—
        descansan, lánguidos
        en la cama de hierro forjado,
        vigilando las vertiginosas
        sombras haciendo ballet en el cielorraso,
        en las paredes color polvo rosado.
Ellos coquetean, se entretienen, charlan
        acerca de quedarse allí para siempre.

Ella se mueve, trae té. café,
        frutas frescas vibrantes,
        panecillos, en una floreada
        bandeja—porque sus ojos mojados
        hablan de hambre,
        doloroso hambre
        un apetito ansioso
        deseoso de ser satisfecho, todo bajo
                el cálido sol,
                el muy cálido sol de Domingo.

The early amber light is calming
        translucent enough to slowly
        awaken their rejuvenated souls—
        they lay, languid
        in the cast-iron framed bed,
        watching the dizzying
        shadows ballet on the ceiling,
        dusty-rose walls.
They dally, linger, chat
        about staying there forever.

She stirs, brings tea, coffee,
        vibrant fresh fruits,
        crumpets on a flowered
        tray—for their misty eyes
        speak hunger,
        aching hunger
        an anxious appetite
        willing to be filled, all under
                the warm sun,
                the very warm sun of Sunday.

PRIMER DESPEGUE

¿Te puedo invitar al desayuno dominical?
Ciertamente. ¿Qué tal volar conmigo a Catalina?, él pregunta.
¡Estupendo!

    Se acercan al monomotor Cessna,
    él chequea todos los controles, el avión, el tanque de gasolina.
    Él lleva a cabo la verificación de vuelo.
    Se ponen sus auriculares, ellos conducen por la pista.
    Tú haces el despegue, él dice.

    ¡Oh, Dios mío!
    Siempre pensando de sí misma como audaz, ella toma el volante
    y sigue sus instrucciónes.
    Oh, Dios mío!
    Ella jala lentamente—ellos parten.
    La excitación, adrenalina, novedad de esta aventura se mezcla.
    Oh, Dios mío!
    Lentamente, él dice, *lentamente levanta,* y ella lo hace, lo hacen.
    Sólo he soñado esto, ella dice. La prisa continúa.
    Deberías haber hecho esto antes, él dice.
    Tienes un buen toque.

    Sobre la ciudad, sobre el paisaje, sobre la playa,
    sobre el Pacífico, sobre las nubes
    hasta que lo blanco de abajo se hace nubes y nubosidades
    y el azul del cielo coincide con el azul del mar
    a 1200 metros.

    El espíritu libre de volar en ese espacio mágico
    espacio impresionante
    espacio divino
    entre la tierra y la isla es tan breve,
    un cielo rápido, un entorno idílico.

Y luego la tierra emerge como levantada por una mano desde lo profundo;
volvemos a acercarnos a la Tierra de verde primaveral,
las ruedas besando terreno sólido
listos para romper el ayuno del Domingo.

FIRST LIFTOFF

May I treat you to Sunday breakfast?
Certainly. How about flying with me to Catalina? he asks.
Great!

> They near the single-engine Cessna,
> he checks all the controls, the plane, fuel tank.
> He conducts the preflight.
> They don their headsets, taxi down the runway.
> *You're doing the liftoff,* he says.
>
> *Oh, my God!*
> Always thinking of herself as fearless, she takes hold of the wheel
> and follows his instructions.
> *Oh, my God!*
> She slowly pulls back—they are off.
> The excitement, adrenalin, newness of this adventure mixes.
> *Oh, my God!*
> *Slowly,* he says, *slowly rise,* and she does, and they do.
> *I only dreamed of this,* she says. The rush continues.
> *You should have done this earlier,* he says.
> *You have a good touch.*
>
> Over the city, over the landscape, over the beach,
> over the Pacific, over the clouds
> until the whites below become cloudfloes and cloudbergs
> and the blue of the sky matches the blue of the sea
> at 4000 feet.
>
> The free spirit of flying in that magical space
> stunning space
> God-like space
> between land and isle is so brief,
> a quick heaven, an idyllic surround.

And then the land emerges as if raised by a hand from the deep;
we are back approaching spring-green Earth,
wheels kissing solid soil
ready to break the fast of Sunday.

DELICIOSO

Tomaremos el desayuno de Domingo.
    Hay un café cerca de la autopista
    'Pasta-algo' parte de su nombre.
    Me encuentras en el estacionamiento – verás mi carro.

Aunque nunca lo he visto,
    immediatamente sé que es José.
    Alto, camisa hawaiana de diseñador
    pantalones de vestir, mocasines—
    temerario, saluda con un abrazo.

Nos sentamos a pedir, a compartir nuestras vidas
    hablamos de quienes amamos, de lo que creamos—
    encantador, de risa fácil, atractivo
    interesado—la cohetería
    y la broma nunca paran.

Deliciosa manera de saludar el dia.

Nos retiramos cuando la gente del almuerzo entra
    con una invitación para continuar
    el bromeo, la charla en su carro.
    Ventanas empañadas . . .

'61
Chevy Impala
    restaurado
    albirrojo
        techo duro
        placas originales
            llantas blancas
            asientos corridos—

                brillante
                de diecisiete años otra vez.

DELICIOUS

We'll have Sunday breakfast.
        There's a popular café off the freeway,
        'Pasta-something' in its name.
        Meet me in the parking lot – you'll spot my car.

Though never having seen him,
        I immediately know it is Joe.
        Tall, designer Hawaiian shirt
        dress slacks, loafers—
        brash, greets with a hug.

Sit down to order, share our lives
        speak of those we love, what we create—
        charmer, easy laugh, engaging
        interested—the razzing
        and jesting never stop.

Delicious way to greet the day.

We leave as the lunch crowd enters
        with an invitation to continue
        the banter, chatting in his car.
        Steamed up the windows . . .

'61
Chevy Impala
        restored
        red and white
                hardtop
                original plates
                        white walls
                        bench seats—

                                    glowing
                                    seventeen again.

MUJER

¿Es la curva de las caderas o la cadencia
de su caminar?
¿Qué es el señuelo que atrae al más privado, sensible
espacio del cuerpo de una mujer?

Mantener lo que es más femenino,
escondido del mundo, reservado, misterioso
portón al continuum de la humanidad.
Reforzado por los muslos, palpitante mientras se hace el amor,

exponiendo el tierno triángulo de felicidad,
protegido por una oscura floresta,
debe ser querido y suavemente abierto para permitir
que los dulces labios de un amante bese la entrada al recipiente—

la reservada, fértil fuerza vital de la humanidad.
Sosteniendo los huevos, esperando las semillas de niños futuros
un vientre suavemente acuna al floreciente, creciente embrión.
El canal del parto—mojado y dilatado para permitir

al infante un portal al mundo
con un grito fuerte, *¡Estoy aquí!*

WOMAN

Is it the curve of the hips or the sway
of her walk?
What is the lure to the most private, sensitive
space of a woman's body?

Holding that which is most feminine,
hidden from the world, concealed, mysterious
gateway to the continuum of humankind.
Buttressed by the thighs, throbbing during love-making,

exposing the tender triangle of bliss,
protected by a dark forest,
it must be cherished and gently opened to allow
a lover's sweet lips to kiss the entrance to the vessel—

the secretive, fertile life-force of humanity.
Holding the eggs, awaiting the seeds for future children
a womb softly cradles the budding, growing embryo.
The birth canal—wet and dilated to permit

the infant a portal to the world
with the loud scream, *I am here!*

NOS ENCONTRAMOS PARA COMER

Desayuno
almuerzo, cena
para partir el pan, compartir
los eventos de nuestros días.

Él trae palabras susurradas
consideradas, bondadosas, generosas;
yo traigo pequeños tesoros para él.
Estamos felices de vernos

para ingerir en la conversa
durante la sopa,
ensalada y bife, mariscos
vino, café y té.

Íntimos pensamientos se hablan
frases bondadosas, expresiones de apoyo
que dicen . . . mutuamente interesados,
pudiendo sentarse toda la noche, charlando.

A pesar de que estamos interesados,
no vamos a perder
la energía que ambos sentimos
cuando la atracción se enciende, aumenta

se calienta e hincha
hasta que besos profundos, cercanía
tocamientos, pasión
lleva a la excitación, éxtasis

nosotros dos, que nos encontramos para comer—
degustamos la carne húmeda
que enciende nustros cuerpos,
alimentando nuestras almas;

estamos saciados
hechos sopa, consumidos
hasta que luego nos encontremos . . .
para comer.

WE MEET TO EAT

Breakfast
lunch, dinner
to break bread, share
the events of our days.

He brings whispered words
thoughtful, kind, generous;
I bring small treasures for him.
We are happy to see each other

to ingest in converse
through the soup,
salad and steak, seafood
wine, coffee and tea.

Intimate thoughts spoken
kind phrases, supportive expressions
that say . . . interested in each other,
could sit all evening, chatting away.

Grounded though we are,
we're not about to miss
the energy two people feel
when attraction ignites, rises

heats and swells
until deep kisses, closeness
touchings, passion
carries to excitement, ecstasy

we two, who meet to eat—
taste the humid flesh
kindling our bodies,
fueling our souls;

we are satiated
supped, consumed
until next we meet . . .
to eat.

DESENCUENTRO

Dos ríos se encuentran
no convergen
profundos, helados
        escarchados de blanco

        cascada helada en el tiempo.
Aire frígido, hielo gris—
        achicharronado
        agudo

        como la octava ocho
        del piano.
Rumores allí abajo
hacen eco de cambio de lecho de roca—

sordo de ojos
sordo de tacto.

DISCONNECT

Two rivers meet
do not converge
deep, iced over
        hoarfrost white

        waterfall frozen in time.
Frigid air, ice grey—
        crackling
        high-pitched

        like piano's
        eighth octave.
Rumblings below
echo bedrock shift—

deaf to eyes
deaf to touch.

SUSURRADO

Acostados desnudos, se abrigan con su cuerpo.
Suavemente
               lentamente
                             palabras surgen
fervientes, cándidas
        frases susurradas—
más fuerte que cualquier grito
más potente que un consentimiento
la médula vital de un voto.

WHISPERED

Lying nude, they spoon.
Softly
    slowly
        words emerge
fervid, candid
    whispered phrases—
louder than any shout
more potent than a consent
the life-marrow of a vow.

JARDINERO

El mundo
un jardín ecléctico, sin desmalezar.

Tú
el jardinero, arando, podando
       aireando suelo Peruano,
              creando generosidad, bordeando
              el collar de la Cuenca del Pacífico,
              exuberante otra vez.

GARDENER

The world
an eclectic, unweeded garden.

You
the gardener, hoeing, pruning
       aerating Peruvian soil,
             creating bounty, edging
             the Pacific Rim necklace,
             lush again.

PAISAJE CORPORAL

Soleada mañana de Arizona
frescas brisas, pálido cielo de záfiro
empiezo a esbozar la rama,
      a detallar las hojas secas de Sicómoro
      con césped del Otoño por debajo.
Mi lápiz para en la superficie graneada—
      mi mente viaja a lo que sueña interpretar . . .

    Sabios ojos azul bebé
    Mejillas con hoyuelos
    Cara sonriente con bordes hacia arriba ansiosos de empezar
        una incursion de besos – profundos y sin tiempo, con la lengua que explora
        cada célula que puede degustar.
    Curva del cuello que se encuentra con el fuerte ancho hombro
    Curvácea profunda sombra donde el bícep toca la pared del pecho
    Y las manos – esas extremidades de dotados brazos con dedos como estelas –
        ansiosos de correr y bailar de nuevo en los femeninos
        montículos y pliegues.
    Pectorales sólidos, pezones con textura
    Abdomen ondulante
    Triangular forma de las caderas
    Y la masculinidad que se hincha intensamente al despertar
        trae el chillido del éxtasis cuando empuja y explota
    Suave curva de la espalda, nalgas redondas
    Muslos poderosos y musculares
    Rodilla en ángulo, pantorrilla bien formada
    Y pies que caminan mil millas.

Esto es lo que deseo ver una vez más—detalles
      hasta que sean conocidos, memorizados desde toda posición.
Tocar otra vez el paisaje de tu cuerpo, escuchar el rítmico palpitar del corazón.

      ¿Qué tan larga . . .
        ¿Qué
            tan larga
                es
                    la
                        espera?
¿Cuándo empezará la fiesta?

BODY LANDSCAPE

Sunny Arizona morn
cool breezes, pale sapphire sky
I begin to sketch the branch,
        detail of drying Sycamore leaves
        with Autumn grass below.
My pencil stops on the grainy alabaster surface—
        my mind wanders to what it dreams to interpret . . .

    Wise baby blues
    Dimpled cheeks
    Smiling mouth with upturned edges restless to begin
        a kissing foray—deep and timeless, tongue exploring
        each cell it can taste.
    Neck curve meeting the strong, wide shoulder
    Curvaceous deep shadow where bicep touches chest wall
    And the hands—those gifted arm tips with contrail fingers—
        anxious to stroke and dance anew on womanly
        mounds and folds.
    Solid pecs, textured nipples
    Rippling abdomen
    Triangular form of the hips
    And the maleness that swells intensely at arousal,
        brings the shrill of ecstasy when thrust and exploded
    Gentle curve of the back, rounded buttocks
    Powerful, muscular thighs
    Angled knee, shapely calf
    And feet that walk a thousand miles.

This is what I hunger to see once more—details
        until known, memorized from every position.
To touch again your body landscape, hear its rhythmic heartbeat.

        How long . . .
            How
                long
                    is
                        the
                            wait?
When will the feast begin?

LIBERTAD

Él vuela . . . se remonta
        tiene veintitantos años otra vez—
        metódico
        disciplinado
            estructurado y fuerte,
             pide los reportes climáticos a menudo.
Él es seguro y atesora este don
        de trepar hacia el sol
        a través de los cielos
        con nubes ilusorias de día
        planetas y estrellas de noche
            sobre el verde, azur
            y luces de la Tierra
        si sólo por un tiempo.
Su respiro, liberación,
        calma.
Es donde él está
        su más verdadero yó—
        sin pretensiones
        confiado.
Él entiende
        la delicadeza,
        riesgos
        aventura
            de ascender
            visualizando el infinito
            y la topografía
        en un solo cuadro.
Él atesora esta libertad—
        hará lo que pueda para mantenerla—
        permanecer saludable, en forma, agudo, sin rendirse.
Más allá de la familia creada,
        él ama este ambiente más que nada.
Piloto—
        él lidera,
        él se remonta,
        él vuela.

FREEDOM

He flies . . . he soars.
        he's twenty-something again—
        methodical
        disciplined
                structured and strong,
                asks for weather reports often.
He's safe and treasures this gift
        of climbing toward the sun
        through the heavens
        with illusionary clouds by day,
        planets and stars by night
                above the green, azure
                and lights of Earth
        if only for a while.
His respite, release,
        calm.
It's where he is
        his truest self—
        unpretentious
        confident.
He understands
        the delicacy,
        risks,
        adventure
                of ascending—
                viewing infinity
                and topography
        in one frame.
He treasures this freedom—
        will do all he can to keep it—
        stay healthy, fit, sharp, not give in.
Beyond the family created,
        he loves this environment most.
A pilot—
        he leads.
        he soars.
        he flies.

CONEXIÓN BINARIA

Leo tus mensajes
una y otra vez
absorbo la prosa, significados
gozos, sonrisas, abundante risa—
eres gracioso, inteligente
y, oh, tan brillante,
escribes las palabres más maravillosas—
las creo
acorraladas por su poder.

Binaria creada, llegó instantáneamente
sólo palabras para aferrarse—
sin ojos en los que mirar dentro
ni corazón que escuchar
sin labios que gustar, cuerpo
que tocar, oler.
Sólo ceros, unos, formas de letras
voces sobre una línea electrónica—
pero nunca el tú tangible.

BINARY CONNECTION

I read your messages
again and again
absorb the prose, meanings
joys, smiles, hearty laughs—
you are funny, clever
and, oh, so bright,
write the most wondrous words—
I believe them
roped in by their power.

Binary created, instantly arrived
only words to hang onto—
no eyes to peer into
nor a heart to hear
no lips to taste, body
to touch, smell.
Just zeros, ones, letterforms
voice over an electronic line—
but never the tangible you.

TÚ

me engríes.
Todo hombre que conozca después de ti
nunca será tan capaz

nunca tan masculino, humoroso
nunca tan audaz, seductor
con la resonancia subyacente

y el timbre de tu voz—
cantarina con acento melódico
que me obliga a escuchar—

nunca tan continental ni tan valiente.
Cada uno palidecerá,
será parte del fondo
de la vida, abruptamente olvidado.

Puede que no te quedes,
y que escojas continuar
tu vida aventurera.

Cuando conozca hombres nuevos
antes de conocerlos
después de conocerlos—

te recordaré.
Me engríes
me atraes, me alteras

me coerces a sobresalir de nuevo.
Tu poder es quieto
como la red del pescador,
atrapando todo mi ser.

YOU

spoil me.
Every man I meet after you
will never be as able

never as masculine, humorous
never as bold, seductive
with the underlying resonance

and timbre of your voice—
lilting melodic accent
that compels me to listen—

never as continental nor as brave.
Each will pale,
become part of the backdrop
of life, abruptly forgotten.

You may not stay,
but choose to continue
your adventurous life.

When I meet new men—
before I meet them,
after I meet them—

I will remember you.
You spoil me,
lure me in, alter me

coerce me to excel again.
Your power is quiet
like the fisherman's net,
ensnaring all my being.

TIRANO

Hojas secas flotan en cuartos vacíos
        mudos rincones abandonados
pisos de roble ausentes de escobas usadas

        paredes manchadas lloran palizas.
Bisagras crujen, puertas desgastadas golpean
        fuerza viciosa golpea al primero que pasa,

        marcas letales, no obstante.

TYRANT

Dry leaves hover in empty rooms
        abandoned corners mute
oak floors absent of worn-down brooms

        soiled walls weep from thrashings.
Hinges creak, weathered doors slam
        vicious force strikes its nearest pawn,

        lethal marks not withstanding.

YATE

La hizo en grande y compró un yate
Nombrarlo sería divertido
"EROICA," pensamiento Beethoven
Y con la gran " T " del medio—
Reservada para su amada.

YACHT

He made it big and bought a yacht
The naming would be fun
"EROICA," Beethoven's thought.
With the big middle " T "—
Reserved for his loved one.

LLÉVAME DENTRO

Llévame dentro.
        Él está pensativo, quieto, guardado, a menudo
        físicamente distante.
Llévame dentro.
        Él está algo miedoso, incómodo pero mira
        profundamente, mira hacia mis cálidos, verdes ojos.
Llévame dentro.
        Él aprende a confiar en mí pero es cauteloso,
        escéptico — ha visto tanto — suficiente dolor
        ha pasado por su vida.
Llévame dentro y seré vigilante, amable — seré lenta,
        segura, cavaré sólo donde sea necesario--retornándote
        a que te sientas vivo.

Yo soy la arqueóloga de tu corazón.

Colamos todo, poniendo todo
        con seguridad entre el atrio y los ventrículos,
        cuidando no llenar estas cámaras,
        necesitando espacio para latir y respirar
        el tempo de tu vida nuevamente creada.
Este corazón es delicado, raro como culturas antiguas,
        y con un
                llevarme dentro,
                es construído de nuevo.

TAKE ME IN

Take me in.
        He is pensive, quiet, guarded, often
        physically distant.
Take me in.
        He is somewhat fearful, put-off but looks
        deeply, stares into my warm, green eyes.
Take me in.
        He learns to trust me but is cautious,
        skeptical—he had seen so much—enough pain
        had passed through his life.
Take me in and I will be vigilant, gentle – I will be slow,
        sure, dig only where necessary – bringing
        you back to feeling alive.

I am the archeologist of your heart.

We sift through everything, placing all
        safely within the atria and ventricles,
        taking care not to fill these chambers,
        needing room to beat and breathe
        the tempo of your newly created life.
This heart is delicate, rare as ancient cultures,
        and with
                take me in,
                built anew.

EL BOXEADOR

Él viene sonriente, ofrece un abrazo.
No hay apretón de manos aquí, es físico desde el comienzo.
Pedimos almuerzo, vino, hablamos de nuestras vidas.
52 peleas ganando,
viaja el mundo por su servicio militar.
54 peleas y 52 ganadas,
haciendo como hombre joven lo mismo que hizo
cuando muchacho en su barrio.
Él aprende porqué es importante ganar
nunca rendirse, darse todo.

54 peleas y 52 ganadas,
él descansa sus laureles en este éxito.
Pero la guerra, el ring lo lesiona y lo cambia—
él ya no puede pelear físicamente más,
otro está a cargo
y él está libre.
¿Hacer qué?
¿Cómo tener éxito después de
54 peleas y 52 ganadas?

Trabajó décadas para llegar
a este pequeño café, abiertamente
decir su historia
sin miedo, sin verguenza.
Él había fracasado, tropezado
finalmente acepta
que lo mejor suyo es
54 peleas y 52 ganadas.

Ama a las mujeres, dice, pero no
entiende a sus dos ex esposas.
Compromiso, confianza, devoción
serían diferentes ahora,
tenían que ser. Toma un riesgo
en venir hoy, para empezar de Nuevo,
para ganar en esta arena.

Bromeamos, reímos
me pregunta sobre mi vida.
Resumen es suficiente
para entusiasmarlo otra vez.
Quiere prevalecer con
54 mujeres y 52 ganadas.

THE BOXER

He comes in smiling, offers a hug.
No handshake here, he is physical from the start.
We order lunch, wine, speak of our lives.
52 winning bouts,
travels the world for his military branch.
54 matches and 52 wins,
doing as young man what he did
as a boy in the neighborhood.
He learns why it is important to win
to never give in, to give it his all.

54 matches and 52 wins,
he rests his laurels on this success.
But the war, the ring injures and changes him—
he can no longer physically fight,
someone else is in charge
and he is free.
To do what?
How to succeed after
54 matches and 52 wins?

He worked decades to arrive
at this small café, openly
tell his story
without fear, without shame.
He had failed, stumbled
finally accepts
that his best is
54 matches and 52 wins.

He loves women, he says, but does not
understand his two ex-wives.
Commitment, trust, devotion
would be different now,
had to be. He takes a risk
coming today, to start anew,
to win in this arena.

We joke, laugh
he asks about my life.
Summary is enough
to make him enthused again.
He wants to prevail with
54 women and 52 wins.

Pero las mujeres no son oponentes, digo.
Estamos en tu esquina.
No hay nada que ganar aquí,
solo amar, depender
el uno del otro. Para siempre.

Él nunca ha tenido eso,
ella siempre fué una enemiga;
la verdadera intimidad sería nueva—
él pide paciencia.

Aprender esa destreza toma tiempo—
¿Tiene él suficiente?
¿De dónde saca la fuerza?

Me gustas, **él dice.** *¿Podríamos empezar ahora?*
Te llamaré mañana.

Y nunca lo hizo.

But women are not opponents, I say.
We're in your corner.
There's no winning here,
just loving, dependent upon
each other. Forever.

He's never had that,
she was always a foe;
true intimacy would be new—
he asks for patience.

Learning that skill takes time—
Does he have enough?
Where does he get the strength?

I like you, **he says.** *Could we begin now?*
I'll call you tomorrow.

And never did.

LA LUZ DEL SOL

Él se fué.

Sin embargo, ella siente su presencia:
        espacio quedó vacante en su cama
           fragancia permanece en la almohada sin lavar
        música favorita suena
                envisionándolo al entrar al cuarto, sonriente.

Ella extraña su tocamiento
        la manera en que él envolvería sus
        hombros para acercarla
        rodearla de forma segura con sus brazos
        sostener su pecho con dos manos,
            acariciarla y abrazarla por horas.

Ella extraña cuan orgullosamente él
        cocina los platos favoritos de ellos
        planea sus viajes
           los arregla.

Él aprecia sus labios sensuales, los besa
        delinea su forma con su dedo para grabar
        las formas en su memoria.
Los tendré por siempre, él dice.

Se encuentran tarde en la vida
        no toman nada por hecho
        sienten la necesidad de hacerlo todo—
éste es su momento, su lugar.

Viven, comen, degustan, ríen, aman profundamente.
        No se cansan el uno del otro
        sino que encuentran alegría en estar juntos
        revelando y explorando nuevas
        partes de sí mismos.

SUNSHINE

He was gone.

Yet, she feels his presence:
        space left vacant in their bed
        fragrance remaining on the unwashed pillow
        favorite music playing
                envisioning him entering the room, smiling.

She misses his touch
        the way he would wrap her
        shoulders to draw her near
        encircle her safely in his arms
        hold her breast with two hands,
                caress and cuddle for hours.

She misses how proudly he
        cooks their favorite dishes
        plans their travel
                takes care of them.

He cherishes her sensuous lips, kisses them
        outlines their form with his finger to burn
        the shapes into his memory.
I'll have them forever, he says.

They meet late in life
        take nothing for granted
        feel the need to do it all—
this is their time, their place.

They live, eat, taste, laugh, love deeply.
        They do not tire of each other
        but find joy in being together
        revealing and exploring new
        parts of themselves.

Ella lo mira dormer,
        contando espacios
            entre respiraciones vacilantes.
Y mientras él yace quieto
ella se arrodilla al lado de su cama
tranquilamente murmura en su oído—
        *"**Tú** eres mi sol, mi único sol . . . "* *

Y susurra—
        "Por favor, no me quites mi sol." *

Letra por Oliver Hood

She watches him sleep,
        counting spaces
            between halting breaths.
And as he lay still
she kneels beside their bed
quietly murmurs in his ear—
        *"**You** are my sunshine, my only sunshine . . ." **

And whispers—
        "Please, don't take my sunshine away." *

*Lyrics by Oliver Hood

Body Landscape
The Delights and Dregs of Dating

is set primarily in Sylfaen, a multi-script serif font family designed in 1997 by John Hudson and W. Ross Mills of Tiro Typeworks, and Geraldine Wade of Monotype Typography. The name *Sylfaen* is a Welsh word meaning *foundation*.

Secondary type is set in Times New Roman, created in 1931 for *The Times* of London by Stanley Morrison in collaboration with Victor Lardent.

Paisaje Corporal
Las Delicias y las Heces de Salir a Citas

está desarrollada principalmente en Sylfaen, una familia de fuentes serif multi guión diseñada en 1997 por John Hudson y W. Ross Mills de Tiro Typeworks, y Geraldine Wade de Monotype Typography. El nombre *Sylfaen* es una palabra de Galés que significa *fundamento*.

El tipo secundario se establece en Times New Roman, creado en 1931 por *The Times* en Londres por Stanley Morrison en colaboración con Victor Lardent.

www.ingramcontent.com/pod-product-compliance
Lightning Source LLC
LaVergne TN
LVHW072117070426
835510LV00003B/101